BEI GRIN MACHT SICH IHR
WISSEN BEZAHLT

Bibliografische Information der Deutschen Nationalbibliothek:

Die Deutsche Bibliothek verzeichnet diese Publikation in der Deutschen National-
bibliografie; detaillierte bibliografische Daten sind im Internet über http://dnb.d-
nb.de/ abrufbar.

Impressum:

Copyright © 2015 GRIN Verlag, Open Publishing GmbH
Druck und Bindung: Books on Demand GmbH, Norderstedt Germany
ISBN: 978-3-668-09369-0

Dieses Buch bei GRIN:

http://www.grin.com/de/e-book/311000/totgesagte-leben-laenger-das-pop-phae-
nomen-im-21-jahrhundert-am-beispiel

Andrea Hahnfeld

Totgesagte leben länger. Das Pop-Phänomen im 21. Jahrhundert am Beispiel von Herrndorfs "Tschick".

GRIN Verlag

Inhaltsverzeichnis

1 Der Pop ist tot. Es lebe der Pop!

„Popliteratur ist tot." Die Autorin Christiane Zschirnt (2003) ist um die Jahrtausendwende nicht die Einzige, die das Ende der Popliteratur[1] feststellt. Deutschlandweit, so Zschirnt, habe es kaum ein bürgerliches Feuilleton gegeben, das die Popliteratur – gemeint ist die Neue Deutsche Popliteratur[2], die seit Mitte der 1990er Jahre Erfolge feierte – nicht mindestens einmal zu Grabe getragen habe. Es seien vor allem die Ereignisse des 11. September 2001 gewesen, die eine neue Ernsthaftigkeit mit sich gebracht (vgl. ebd.) und wenig Platz gelassen hätten für die Oberflächlichkeiten und den Hedonismus der Neuen Deutschen Popliteratur, die – wie Degler/Paulokat (2008: 114) bemerken – für das Feuilleton sowieso „hauptsächlich ein Symptom der sogenannten Spaßgesellschaft" war.

Das Ende der Strömung kam jedoch vor allem für ihre Kritiker nicht unverhofft. Bereits im April 2001 behauptete Thomas Assheuer, die Popästhetik stecke in einer Krise – eine Behauptung, die er in zehn Thesen zu belegen suchte. Der Feuilleton-Journalist hielt die Oberflächlichkeit des zeitgenössischen Pop für sein Hauptproblem. Es handle sich lediglich um ein „Reich des Scheins", in dem sich „alle Werke als große, aber folgenlose Fiktionen gleichgültig gegenüber" stünden, so sein Urteil. Ähnlich urteilt Jürgen Roth (zit. nach Krellner, 2004: 171), der in Popliteratur wenig mehr als „ein autobiographisch gefärbtes Konvolut unsortierter Einfälle und kulturbetrieblicher Impressionen" sieht. Eine Meinung, die laut Krellner (2004: 175f.) nicht von der Hand zu weisen sei, da das Popprojekt

---

[1] In der Sekundärliteratur findet sich sowohl die Schreibweise *Popliteratur* als auch *Pop-Literatur*. Im Folgenden wird – um Verwirrungen zu vermeiden – die erste Schreibweise verwendet. Ausnahme sind direkte Zitate, in denen die alternative Schreibweise benutzt wurde.
[2] Im Rahmen dieser Arbeit verwende ich den Begriff *Neue Deutsche Popliteratur* wie von Degler/Paulokat (2008: 8) definiert und zähle dazu ausschließlich Texte „die ab Mitte der 90er Jahre dafür gesorgt haben, dass der Begriff *Pop* wieder auf die Tagesordnung gesetzt wurde".

deutliche Grenzen aufweise: Popliteratur veralte ebenso schnell wie sie entstehe, werde schon nach kurzer Zeit kommentarbedürftig, weise nur einen begrenzten Geltungshorizont auf und richte sich in erster Linie an „Generationsgenossen". Krellner (ebd.: 177) hegte daher starke Zweifel, dass Popliteratur zukünftigen Lesern noch verständlich sei und vermutete, dass die Kanonisierung zeitgenössischer popliterarischer Werke weiterhin auf sich warten lassen werde. Denn um in den Kanon aufgenommen werden zu können, müssten sich die Autoren vom „antinarrativen Erfolgskonzept ihrer ersten Werke" verabschieden und diese „mit so etwas wie einem Erzählkonzept" versehen.

Es besteht unter Literaturwissenschaftler/innen inzwischen kaum mehr ein Zweifel daran, dass die Neue Deutsche Popliteratur als Strömung vorbei ist. Degler/Paulokat (2008: 114) stellen ab 2002 „derart deutliche literarische Veränderungen" fest, dass ihnen das Ziehen der „zeitliche[n] Grenze *9/11*" sinnvoll erscheint. Bezeichnender Weise ist gerade der Schweizer Schriftsteller Christian Kracht das Alpha und Omega der Neuen Deutschen Popliteratur: Das Erscheinen seines Werks *Faserland* läutete 1995 den Siegeszug der deutschsprachigen Popliteratur ein (vgl. Frank, 2003: 21). Mit seinem Roman *1979*, der im September 2001 erscheint, im Umfeld der islamischen Revolution im Iran spielt und „als Zeichen einer neuen Ernsthaftigkeit in der Popliteratur" gelesen werden kann, schrieb Kracht zugleich ihr Ende (vgl. Degler/Paulokat, 2008: 114/115).

Zu bezweifeln ist jedoch, dass das Ende der Neuen Deutschen Popliteratur – einer spezifischen literarischen Strömung mit uniquen Merkmalen – zugleich auch das Ende der Popliteratur als solcher bedeutet, wie Zschirnts Sentenz glauben macht. Die Wurzeln der Popliteratur liegen in der Beat-Literatur, ihre Anfänge lassen sich somit bis in die 1960er Jahre zurück verfolgen (vgl. Hoffmann, 2006: 333). Ein Phänomen, das mehr als 50 Jahre alt ist und in dieser Zeit mehrere Wandlungen erfahren hat – von denen die Neue Deutsche Popliteratur (neben u. a. Social Beat, Slam Poetry, Trash) nur eine von vielen ist –, stirbt nicht über Nacht. Es darf im Gegenteil davon ausgegangen werden, dass Popliteratur – als Teil der Popkultur – noch sehr lebendig ist. Wie lebendig, das zeigt der Erfolg von Wolfgang Herrndorfs Roman *Tschick*[3].

---

[3] *Tschick* ist 2010 erschienen und hält sich in den seitdem vergangenen 251 Wochen beharrlich in den Top 50 der SPIEGEL-Bestseller-Liste, war davon elf Wochen auf Platz eins (vgl. Buchreport.de). Bereits drei Jahre nach der Veröffentlichung waren eine Million Exemplare des Buches verkauft (vgl. Bartels, 2013). Es entstand eine Theaterfassung, die in der Saison

In dieser Arbeit zeige ich zuerst auf, dass Wolfgang Herrndorfs Roman *Tschick* popästhetische Elemente aufweist und daher durchaus der Popliteratur zugeordnet werden kann. Im zweiten Teil arbeite ich intertextuelle Verbindungen zwischen *Tschick* und dem Hauptwerk der Neuen Deutschen Popliteratur *Faserland* heraus und belege meine These, dass Herrndorf in seinem Roman die oben aufgeführten Schwächen der Neuen Deutschen Popliteratur überwindet und die Erfolgsgeschichte der Popliteratur auf ihrer nächsten Evolutionsstufe weiterschreibt. In einem kurzen Fazit fasse ich die Ergebnisse meiner Arbeit zusammen.

2012/2013 mit 29 Inszenierungen und 764 Aufführungen deutschlandweit die meistgespielte war (vgl. Spiegel-Online, 2014). Inzwischen laufen die Dreharbeiten für die Verfilmung von *Tschick*. Geplanter Kinostart ist der 15. September 2016 (vgl. Spiegel-Online, 2015).

2 *Tschick* – Pop or Not?

Es ist nicht ganz einfach, den Roman *Tschick* einem einzigen Genre zuzuordnen, da er mehrere Genres in sich vereint. Laut Scholz (2014: 35) finden sich sowohl Anklänge eines Jugend- oder Bildungsromans, einer Coming-of-Age-Geschichte sowie eines Abenteuerromans. Da Struktur und Haupthandlung in ihrer Episodenhaftigkeit dem Genre des Roadmovies ähnele, schlägt Scholz darüber hinaus die Genrebezeichnung „Roadnovel" vor. Möbius (2014: 10) rechnet *Tschick* dagegen ausschließlich dem Genre der Adoleszenzliteratur zu, wobei der Roman „motivgeschichtliche Parallelen zu anderen jugendliterarischen Werken desselben Genres" aufweise. Im Rahmen dieser Arbeit vertrete ich die These, dass Herrndorfs Roman popästhetische Merkmale in sich trägt, die eine Kategorisierung als Popliteratur sinnvoll erscheinen lassen[4].

Laut Hecken (2013a: 2) ist ein wichtiger Teil der Popästhetik, dass „positive Geschmacksurteile" gefällt werden. Dieser Aspekt trifft auf *Tschick* vollauf zu: Der Roman erhielt von Leser/innen sowie Rezensent/innen durchweg positive Kritiken und wurde mehrfach ausgezeichnet (vgl. Spiegel 2015, 2014; Lovenberg 2010 u. a.). Hecken (2013a: 7) betont in seiner Definition von Pop jedoch auch,

---

[4] Dass *Tschick* bis dato dennoch nicht als Popliteratur bezeichnet bzw. vermarktet wurde, mag verschiedene Gründe haben. Einerseits besitzen Popphänomene unter Intellektuellen – trotz (oder gerade wegen) des Erfolgs der Neuen Deutschen Popliteratur – noch immer einen schlechten Ruf (vgl. Hecken, 2013a: 1). Auch wenn die Kritik inzwischen nur noch selten so scharf ist, wie in den 1990er Jahren (vgl. Hecken, 2013b), bestehen weiterhin Vorbehalte. Besonders den Kommerzialismus-Vorwurf muss sich der Pop weiterhin gefallen lassen (ebd.). An dieser Voreingenommenheit konnte auch die Tatsache, dass seit dem Ende der Neuen Deutschen Popliteratur Pop zunehmend akademische Beachtung erfährt und auf den Lehrplänen von Universitäten steht (vgl. Zschirnt, 2003), scheinbar nur wenig ändern. Andererseits scheut man sich vielleicht, *Tschick* – ein Buch, das so grundsätzlich anders ist als *Faserland*, *Feuchtgebiete* und Co. – mit dem gleichen Label zu versehen. Insofern mag die Nicht-Bezeichnung als Popliteratur als Zeichen der Wertschätzung ausgelegt werden. Dass die Zuordnung zu diesem Genre bisher noch nicht erfolgte, obwohl das Buch deutliche popliterarische Merkmale aufweist, zeigt aber auch, dass Popästhetik noch immer unverstanden ist und tiefsinnige Unterhaltungsliteratur wie *Tschick* alles sein darf, nur nicht Pop.

dass Pop nicht „einfach als Synonym für Populär- oder Massenkultur" zu verwenden ist. Um Popliteratur als Kunstform von der „bloßen" Populärliteratur[5] (als Massenkonsumprodukt) abzugrenzen, schlägt der Literaturwissenschaftler daher sieben „unverzichtbare Bestandteile der Pop-Bestimmung"[6] vor (Hecken, 2013b). Im Folgenden soll untersucht werden, ob und inwiefern Herrndorfs Roman *Tschick* diese sieben Bestandteile innewohnen[7].

Oberflächlichkeit Kennzeichnend für die Popästhetik sei ihre auffällige Oberfläche, die in keinem Zusammenhang zu einem praktischen Zweck stehe. Laut Hecken (2013b) wendet sich Pop als solcher „gegen moderne, nüchterne Prinzipien". Diese Oberflächlichkeit sei für die Popästhetik in dreierlei Hinsicht wichtig (siehe Hecken, 2013a: 8-10):

(a) Oberflächlichkeit als plane bildnerische Darstellung (womit Hecken sich vor allem auf die Flachheit der Leinwand als uniques Merkmal der Malerei bezieht).

(b) Oberflächlichkeit als Rezeptionshaltung, der „das Amüsante, Unterhaltsame, Erfreuliche, Angenehme – das Oberflächliche – nicht nur gut genug [sei], sondern das, was sie als Wirkung von [...] Werken häufig an die erste Stelle" setze. Diese Dimension des Angenehmen schließe nicht aus, dass man beim Lesen von Popliteratur nicht selten „auf Eindrucksvolles und elementar Wichtiges" stoße.

(c) Oberflächlichkeit als Ansammlung von Zutaten, wobei Hecken „Zutat"

---

[5] In seinem Artikel grenzt Huck die Populärliteratur von der Popliteratur ab. Letztere beschäftige sich zwar mit populären Gegenständen, sei aber nicht notwendigerweise auch um Popularisierung bemüht. Am ehesten könne die Popliteratur als „Reflexionsmedium der Populärliteratur bzw. Populärkultur gelten". Zweifelsohne zählt der Roman *Tschick* gegenwärtig auch zur Populärliteratur, da er zahlreiche von Huck (2013) aufgeführte Kriterien erfüllt – insbesondere populäre Bekanntheit und Lustgewinn beim Lesen. Die Zuordnung zu diesem Genre ist allerdings nicht der Intention des Autors geschuldet, sondern vielmehr dem zufälligen und unerwarteten Erfolg des Buches auf dem deutschen Markt (vgl. Herrndorf im Gespräch mit Passig, 2011).

[6] Die von Hecken genannten Bestimmungskriterien beziehen sich nicht speziell auf literarischen Pop. In seiner Definition schließt Hecken alle Kunstformen ein. Die Anwendung der Kriterien auf Literatur gestaltet sich insofern schwierig als Pop – dessen Ursprünge in der bildnerischen Kunst liegen (vgl. Krellner, 2004: 173) – Elemente beinhaltet, die sich in der Literatur nur schwer abbilden lassen. Hecken (2013a: 9) weist in diesem Zusammenhang aber auch darauf hin, dass „jede Kunstgattung sich auf die ihr gemäßen, ihr allein eigenen Möglichkeiten konzentrieren sollte".

[7] Aus forschungspraktischen Gründen kann nur eine Auswahl an Beispielen aufgeführt werden.

in Anlehnung an Kants *Kritik der Urteilskraft* (1790) definiert als etwas, das nur äußerlich Teil eines Gegenstands ist und das dessen Attraktivität erhöht. Hecken fasst den Begriff allerdings weiter als Kant und berücksichtigt den Rezipienten als möglichen Verfertiger dieser Zutat.

Bezüglich *Tschick* trifft das Kriterium der Oberflächlichkeit wohl vor allem auf die Rezeptionshaltung zu. Es macht Freude, den Roman zu lesen. Die Tatsache, dass er amüsant, unterhaltsam und temporeich geschrieben ist sowie elementare Themen wie Außenseitertum, Freundschaft und Coming-of-Age behandelt, dürfte der maßgebliche Grund für seinen großen Erfolg sein. Dass Herrndorf diese Wirkung am Herzen lag, geht auch aus seinem Interview mit Kathrin Passig (2011) hervor. Er habe sich beim Schreiben nicht viel gedacht außer „es sollte nicht langweilig sein". Nicht zuletzt trägt wohl auch der Suizid des Autors – sozusagen als äußerliche Zutat – zum Erfolg von *Tschick* bei. Nur zwei Wochen nach seinem Tod, der durch alle Medien ging, schnellte die Taschenbuchausgabe von *Tschick* noch einmal auf Platz eins der SPIEGEL-Bestsellerliste (vgl. Buchreport.de) und hielt sich dort sechs Wochen.

Funktionalismus Die Betonung der Oberfläche heiße jedoch nicht, dass Pop nicht funktional sei, so Hecken (2013b). Pop habe sogar mehrere Zwecke bzw. ästhetische Wirkungsintentionen: Pop wolle „für Belebung sorgen, angenehm erregen, den Körper in Bewegung setzen, Attraktivität erhöhen und eine nette, heitere Stimmung oder eine coole Haltung" bewirken. Moralisch sei er dabei weitgehend desinteressiert.

Diese ästhetischen Wirkungsintentionen erfüllt Herrndorf in seinem Roman *Tschick* voll und ganz. Gerade mit seinem Titelhelden Andrej Tschichatschow – genannt Tschick – scheint Herrndorf Coolness neu zu definieren. Er porträtiert einen Freund, wie ihn sich jeder insgeheim wünscht: intelligent, frech und unbeugsam. Einen, mit dem man sprichwörtlich Pferde, wortwörtlich einen Lada Niva stehlen kann. Herrndorf nimmt seine Leserschaft auf einen vergnüglichen Joyride in und durch die Walachai mit, setzt dadurch wenn auch keine Körper so doch die Fantasie in Bewegung. Die Tatsache, dass die beiden Jungs auf ihrem Roadtrip zahlreiche Straftaten begehen (u. a. Autodiebstahl, Benzindiebstahl und Versicherungsbetrug) bleibt ohne größere Konsequenzen. Von einem moralischen Zeigefinger, den der Autor erhebt, kann nicht die Rede sein – dazu sind die Strafen, die er über seine umtriebigen Protagonisten verhängt, viel zu milde.

Konsumismus Ein weiteres Merkmal des Pop sei das Konsumieren. Es zähle nicht nur das tätige Leben, ebenso wichtig sei dem Pop das Anliegen, sich berieseln, erregen und unterhalten zu lassen, so Hecken (2013b).

Als pure Unterhaltungsliteratur ist *Tschick* ebenso lesbar wie als ernsthafte Literatur. Herrndorf scheint mit seinem Roman tatsächlich – wie einst von Leslie Fiedler gefordert – die Grenze überschritten und den Graben zwischen Trivial- und Hochliteratur überwunden zu haben (vgl. Hoffmann, 2006: 328). Die Tatsache, dass der Autor in *Tschick* vertraute Genreregeln (z. B. narrative Abläufe und Figurenkonstellationen) verwendet, den Roman in Grundzügen einem Roadmovie – dem Unterhaltungsgenre schlechthin – nachempfindet (vgl. Scholz, 2014: 35) und ihn inhaltlich an bekannte Jugendbuch-Klassiker anlehnt (vgl. Möbius, 2014: 10/11), sorgt für eine gewisse Erwartungssicherheit bei den Rezipienten und erleichtert ihnen den Zugang zum Text. Die Schemata und Formeln, die Herrndorf nutzt, um die Unterhaltungs- und Emotionssicherheit seiner Rezipienten zu gewährleisten, werden im verlegerischen Peritext[8] aufgegriffen und sorgen dafür, dass der Text ein möglichst breites Publikum anspricht (vgl. Huck, 2013). Das löst einerseits Konsumwünsche aus, macht andererseits den Roman aber auch leichter konsumierbar. Denn wenn Rezipienten wissen bzw. vorausahnen können, was sie erwartet, können sie leichter entscheiden, ob ein Text (voraussichtlich) ihren Geschmack trifft (vgl. Huck, 2013).

Äußerlichkeit Pop halte sich strikt an das sinnlich Gegebene und nehme keine Ableitungen vor, so Hecken (2013b). In anderen Worten: Das Geschilderte ist auch das Gemeinte, an psychologischen Umdeutungen ist Pop nicht

---

[8] Zum verlegerischen Peritext zählen sowohl Umschlag, Titelseite als auch Anhang (vgl. Huck, 2013). Der Peritext wird vom Verlag gestaltet und dient hauptsächlich der Platzierung sowie Vermarktung eines Buches. Indem der Verlag vertraute Schemata und Formeln aktiviert, möchte er dem potentiellen Publikum die Kaufentscheidung erleichtern bzw. ihn zum Konsum animieren. Der Peritext des Romans *Tschick* (2010) umfasst auch den Abschnitt *Informationen zum Buch* (T: 209-211). Es handelt sich dabei um eine knappe Inhaltsangabe, gefolgt von zahlreichen Rezensentenstimmen, in denen das Buch gelobt und geläufigen Genres zugeordnet wird: u. a. Abenteuerroman, Jugendroman, Roadmovie.

interessiert.

Auch in *Tschick* beschränken sich die Personenbeschreibungen auf das sinnlich Wahrnehmbare. So wird Isa beschrieben als

> „verdreckte[s] Mädchen [...] ihre Beine waren schwarz bis zum
> Knie. Darüber trug sie eine hochgekrempelte Army-Hose und ein
> versifftes T-Shirt. Sie hatte schmale Augen, wulstige Lippen und
> eine platte Nase. Und ihre Haare sahen aus, als wäre beim Schnei-
> den die Maschine kaputtgegangen." (T: 123/124).

Ableitungen auf innere Werte, die mit dem äußeren Erscheinungsbild verbunden sein können, nimmt der Erzähler nicht vor.

Immanenz Darunter versteht Hecken (2013b) die Tatsache, dass dem Pop Elemente innewohnen, die über das rein sinnlich Gegebene hinausgehen. So könne Pop sich durchaus aus dem historisch-literarischen, mythologischen Fundus bedienen. Wenn er das tue, dann jedoch, weil er Gefallen finde an der sinnlichen Repräsentation (Einprägsamkeit, Rhetorik oder Klang) – und nicht notwendiger Weise deshalb, weil er mit diesen Elementen verknüpfte Konnotationen zu aktivieren versuche.

In *Tschick* baut Herrndorf das für eine Heldenreise typische Elixier ein: Horst Fricke überreicht Maik und Andrej beim Abschied ein Fläschchen, das sie nur aufmachen sollten, wenn sie in größter Not seien. Es würde Leben retten. Die beiden Jungs öffnen das Fläschchen jedoch bereits im Auto – und weil es nach faulen Eiern stinkt, werfen sie es direkt aus dem Fenster (vgl. T: 155). Zwar eröffnet diese Szene interpretatorische Spielräume, die sicherlich auch berechtigt sind. Im Interview mit Kathrin Passig (2011) gesteht Herrndorf jedoch, dass ihm die Idee des Elixiers schlicht gefiel:

> „Das war nur, weil mich beim Schreiben jemand auf die ‚Helden-
> reise' aufmerksam machte, ein Schema, nach dem angeblich fast
> jeder Hollywood-Film funktioniert. Da müssen die Protagonisten
> unter anderem immer ein solches Elixier finden. Habe ich natür-
> lich gleich eingebaut."

Was das Elixier solle, wisse er allerdings auch nicht (ebd.). Herrndorfs Begründung veranschaulicht meines Erachtens treffend, was Hecken meint, wenn er behauptet, Popautoren bedienten sich aus reinem Gefallen aus dem historisch-literarischen, mythologischen Fundus.

Künstlichkeit Hecken (2013b) stellt fest, dass Pop als Kunstrichtung mit dem Natürlichen nichts anfangen kann. Das Natürliche, Ursprüngliche dient dem Pop als Grundlage und wird von ihm bewusst modelliert.

Ein Beispiel für diese „modellierte Natürlichkeit" ist in *Tschick* sicherlich die Sprache des Erzählers Maik Klingenberg. Obwohl seine Sprache authentisch wirkt und den Eindruck erweckt, als spreche tatsächlich ein 14-Jähriger, handelt es sich um eine Kunstsprache. Sie weist sowohl Merkmale der Jugendsprache als auch des Slang auf (vgl. Möbius, 2014: 13) und ist konzeptionell mündlich angelegt (einfacher Satzbau, häufige Wiederholung bestimmter Wendungen wie z. B. „alter Finne"). Herrndorf nahm beim Schreiben bewusst Abstand von generationsspezifischen, jugendsprachlichen Ausdrücken. Sein Argument für die künstlerische Bearbeitung: Wenn man erst anfange, mit Slang um sich zu schmeißen, werde man schon im nächsten Jahr ausgelacht (Herrndorf im Gespräch mit Passig, 2011).

Stilverbund Ein weiteres Charakteristikum des Pop ist laut Hecken (2013b), dass Popgegenstände niemals allein kämen, sondern mit einer Reihe Gegenständen aus anderen Bereichen (z. B. einem Auto, einer bestimmten Musik oder einer Attitüde) verbunden seien.

Zweifelsohne kann *Tschick* nicht gedacht werden ohne den Lada Niva, mit dem die beiden Protagonisten ihre Abenteuer in Ostdeutschland erleben. Andrejs Anleitung, um einen Wagen dieser Marke ohne Zündschlüssel anzulassen, konnte sich bereits außerhalb des Werks etablieren und wird mit amüsiertem Unterton in Autozeitschriften (vgl. Pander, 2011) kolportiert. Auch der ungewollte Soundtrack des Roadtrips, den Maik aber „immer noch besser als nichts" (T: 87) findet, ist fest mit dem Roman verknüpft: Richard Claydermans *The Solid Gold Collection*, insbesondere das Stück *Ballade pour Adeline*.

Wie gezeigt werden konnte, weist Herrndorfs *Tschick* zahlreiche popästhetische Merkmale auf. Doch das ist nicht der einzige Grund, der dafür spricht, den Roman der Popliteratur zuzurechnen. Ein weiteres Argument ist die Tatsache, dass das Werk erkennbar von der Neuen Deutschen Popliteratur geprägt ist. Das wird deutlich, wenn man den Roman mit einem der wichtigsten Werke der Neuen Deutschen Popliteratur-Strömung vergleicht: Christian Krachts *Faserland*. Im folgenden Kapitel soll herausgearbeitet werden, inwiefern sich *Tschick* als Hypertext[9] zu *Faserland* lesen lässt.

---

[9] Genette versteht darunter einen nachträglich entstandenen Text, der hypertextuelle Beziehungen zu einem älteren Text (Hypotext) aufweist (vgl. Lodemann, 2010: 84).

3 *Faserland* vs. *Tschick* – Popliteratur reloaded?

Ein literarisches Werk existiert nie für sich alleine. Um es umfassend zu verstehen, muss man es vor dem Hintergrund aller (literarischen) Texte betrachten, die mit dem Werk in Beziehung stehen (vgl. Rohmann/Oppermann, 2005:1). Laut dem französischen Literaturwissenschaftler Gérard Genette beruht Literatur „auf einem System latenter Relationen, dessen einzelne Elemente ihren Wert erst durch die Differenz zu anderen Elementen erhalten" (Chihaia, 2010:345). Zu diesen „anderen Elementen" gehören sogenannten „Prätexte" (ebd.:351), die bei der Interpretation eines Werks berücksichtigt werden müssen. Im Falle von *Tschick* zählen dazu meines Erachtens nicht nur die von Herrndorf selbst als Quellen aufgeführten Jugendbücher[10]. Im Rahmen dieser Arbeit gehe ich davon aus, dass der Roman auch transtextuelle Bezüge[11] zu den Werken der Neuen

---

[10] Im Gespräch mit Kathrin Passig (2011) nennt Herrndorf eine Reihe Bücher, die ihn in seiner Kindheit begeisterten und die er 2004 – während er an *Tschick* arbeitete – erneut gelesen habe. Für seinen Jugendroman *Tschick* dienten nach eigener Aussage folgende Texte als Inspirationsquellen: *Herr der Fliegen* (1954) von William Golding, *Die Abenteuer des Huckleberry Finn* (1884) von Mark Twain, *Der Bericht des Arthur Gordon Pym* (1838) von Edgar Allan Poe sowie *Pik reist nach Amerika* (1927) von Franz Werner Schmidt. Ihm seien drei Gemeinsamkeiten im Plot dieser Werke aufgefallen („schnelle Eliminierung der erwachsenen Bezugspersonen, große Reise, großes Wasser" – vgl. Passig, 2011), die er für *Tschick* fruchtbar gemacht habe, indem er sie ins Deutschland des 21. Jahrhunderts übertragen habe. Darüber hinaus sind transtextuelle Beziehungen zu zwei Klassikern der amerikanischen Beat Generation – J.D. Salingers *Catcher in the Rye* (1951) sowie Jack Kerouacs *On the Road* (1957) – augenfällig.

[11] In Erweiterung und als terminologische Alternative zum Intertextualitätsverständnis der Literaturtheoretikerin Julia Kristeva führt Genette Ende der 1970er Jahre den Begriff der „Transtextualität" ein, der im Folgenden verwendet wird. Kristeva versteht Texte vielmehr als „Mosaik[e] von Zitaten" sowie als intertextuelles Bezug-Nehmen auf „gesellschaftliche[] Stimmen und ‚Prätexte'" – und nicht als Äußerungen einzelner Autoren. Eine Auffassung, die einer Abwendung des strukturalistischen Zeichenverständnisses gleich kommt. Genette entwirft mit seiner Theorie der Transtextualität ein Begriffssystem, das strukturalistische Relationen – d.h. ein Element erhält seinen Wert erst durch die Differenz zu einem anderen Element –

Deutschen Popliteratur aufweist. Das möchte ich an Gegenüberstellungen ausgewählter Aspekte[12] bei *Tschick* und Krachts Roman *Faserland* – der als „Initialzündung für den Boom der Popliteratur" (Menke, 2010: 29) in den 1990er Jahren galt und hinsichtlich der popästhetischen Merkmale der Neuen Deutschen Popliteratur (vgl. Degler/Paulokat, 2008) als prototypisch gelten darf – im Folgenden demonstrieren.

Popmusik Degler/Paulokat (2008: 30) stellen fest, dass Popmusik in der Popliteratur eine maßgebliche Rolle spielt. Sie sei „Leitmotiv im Leben popsozialisierter Jugendlicher" und werde in Popromanen funktionalisiert, um ein bestimmtes Lebensgefühl darzustellen, die Individualität der Protagonisten zu repräsentieren sowie zu nostalgischen Zwecken (Erinnerung an bestimmte Situationen, Menschen, Lebensphasen). Darüber hinaus werde Popmusik eingesetzt, um erinnerungswürdige Kollektiverfahrungen zu verewigen.

In beiden Romanen spielt Musik eine zentrale Rolle. Jedoch setzen die Autoren Musik unterschiedlich ein. Der Erzähler in Krachts *Faserland*[13] nennt eine ganze Reihe von Musiktiteln:

- *Hotel California* (1976) Eagles (F: 21)
- *Car Wash* (1977) Rose Royce (F: 38)
- *Funkytown* (1979) Lipps Inc. (F: 38)
- *Le Freak* (1978) Chic (F: 38)
- *You'll always find me in the Kitchen at Parties* (1980) Jona Lewie (F: 45)
- *You're my heart, you're my soul* (1984) Modern Talking (F: 70)

---

berücksichtigt. Er geht davon aus, dass die (offenkundige oder verborgene) Dialogizität literarischer Texte auf Öffnungen zurückgeführt werden kann, die bereits im Werk angelegt sind. Diese Öffnungen beschreibt er in fünf Dimensionen transtextueller Beziehungen: Intertextualität, Hypotextualität, Architextualität, Metatextualität sowie Paratext (vgl. Chihaia, 2010: 350/51).

[12] Beide Romane werden im Folgenden hinsichtlich einiger zentraler Merkmale verglichen. Da es den Rahmen dieser Arbeit sprengen würde, auf alle von Degler/Paulokat (2008) definierten Merkmale der Neuen Deutschen Popliteratur bzw. alle möglichen hypertextuellen Bezüge zwischen *Tschick* und *Faserland* einzugehen, habe ich mich auf besonders anschauliche Aspekte beschränkt. Die ausgewählten Aspekte zeigen meines Erachtens besonders deutlich, wie Herrndorf in *Tschick* die Charakteristika der Neuen Deutschen Popliteratur unter verkehrten Vorzeichen aufgreift und dadurch Pop ins 21. Jahrhundert transportiert.

[13] Im Folgenden wird das Kürzel F und Seitenzahl verwendet, um auf *Faserland* zu verweisen.

- *Es geht voran* (1982) Fehlfarben (F: 71)
- *Brother Louie* (1986) Modern Talking (F: 71)
- *I am sailing* (1975) Rod Steward (F: 78)
- *Sandinista* (1980) The Clash (F: 125)
- *Spanish Bombs in Andaluçia* (1979) The Clash (F: 125)
- *Nights in White Satin* (1967) Moody Blues (F: 129)
- *Sadness* (1990) Enigma (F: 141)
- *I want to break free* (1984) Freddy Mercury (F: 143)
- *Your feet's too big* (1935) Ink Spots (F: 145)

Mit dieser Aufzählung bzw. diesem Namedropping scheint Kracht einerseits den Erzähler zeitlich verorten zu wollen[14]. Andererseits aktiviert der Autor damit bei seinen Leser/innen die (damalige) Gegenwartskultur sowie das damit verbundene Lebensgefühl (vgl. Siemes, 2004: 178).

Krachts Erzähler nutzt die Hinweise auf seine musikalischen Vorlieben aber auch, um sich von seiner Umwelt abzugrenzen: „Ich weigere mich über Kunst zu diskutieren oder über irgendwelche Independent-Bands, die im Spex erwähnt werden [...]" (F: 74). Ganz im Sinne von Degler/Paulokat (2008: 30) ist sein Musikgeschmack repräsentativ für seine Individualität und ein Auswahlkriterium, um Gleichgesinnte zu erkennen:

> „Das ist die Titelmusik aus Twin Peaks, dieser Fernsehserie, die mal in RTL lief. [...] die Musik [ist] ja wirklich das Schönste [..], was ich je gehört habe, da spricht mich ein Mädchen an und sagt, ich erfinde nichts, das sagt sie jetzt wirklich: Angelo Badalamenti ist gar nicht mal so dementi. Das haut mich um. So ein brillanter Satz. [...] und plötzlich merke ich, daß dieses Mädchen [...] alles verstanden hat, was es zu verstehen gibt" (F: 46).

---

[14] Die meisten Musiktitel stammen aus den 70er und 80er Jahren. Das genaue Alter des Erzähler wird zwar nicht erwähnt, die (jugendliche) Art und Weise des Erzählens sowie die Tatsache, dass der Erzähler einen Führerschein besitzt und die Schule bereits abgeschlossen hat, legt allerdings die Vermutung nahe, dass er sich in seinen Zwanzigern befindet. Die Erzählhandlung spielt in den (frühen) 90ern. Somit wären die 70er/80er Jahre der Zeitraum, in dem der Erzähler seine Kindheits- und Jugendjahre erlebt hat.

Ironisiert wird diese vermeintliche Individualität durch die Tatsache, dass eine an der Mediengesellschaft orientierte Individualitätskonstruktion gewissermaßen auch immer eine dem Massengeschmack angepasste Individualitätkonstruktion ist. Hier betreiben laut Siemes (2004: 180/181) die Popliteraten der 90er ein „ironisches Spiel mit den Oberflächen", denn aus ihrer Sicht sei diese konformistische Individualitätsdefinition der Massengesellschaft von einem „bildungsbürgerlichen Standpunkt aus [..] verwerflich und unheimlich". Dass sich der Erzähler in *Faserland* vor dem Hintergrund dieser ironisierenden Absicht, durch die im Grunde die mangelnde Bildung der Massen entlarvt wird, mit klassischer Musik „nicht so genau" auskennt (vgl. F: 106) und den mittelalterlichen Lyriker Walther von der Vogelweide für einen Maler hält (vgl. F: 69), verstärkt diese Ironie – vor allem wenn man bedenkt, dass der Erzähler das Eliteinternat Salem besucht hat (vgl. F: 13).

In *Tschick*[15] verwendet Herrndorf Musik viel reduzierter. Auch seine ironisch Absicht ist eine andere als bei Kracht. Er baut in seine Geschichte nur zwei Musiker ein: Beyoncé und Richard Clayderman. Zwar bezieht sich auch Herrndorf damit gewissermaßen auf die Gegenwartskultur. Allerdings thematisiert er zugleich die Tatsache, dass der Erzähler Maik weder Beyoncé noch Clayderman aus sich selbst heraus mag. Sie werden zum unfreiwilligen Soundtrack des Sommers, in dem die Geschichte spielt.

So findet Maik Beyoncés Musik eigentlich „scheiße" (T: 49) und hört sie sich nur an, weil sein Schwarm Tatjana Beyoncé toll findet. Seine Gefühle für Tatjana bewegen ihn dazu, sich die letzten zwei CDs zu kaufen und in Endlosschleife zu hören. Dabei denkt er an das für ihn unerreichbare Mädchen und stellt fest, dass er Beyoncés Musik nicht nur zu mögen beginnt, sondern „super" findet (ebd.). Obwohl Maik Beyoncé inzwischen mag, ist er darüber erleichtert, dass er und Andrej beschließen, auf ihren Roadtrip keine Handys „und auch keine CDs" mitzunehmen. Denn er ist „ehrlich gesagt, ganz froh [..], dass [er] Beyoncé nicht auch noch im Auto hören" muss (T: 84/85).

Das Lebensgefühl des Roadtrips wird schließlich aber doch noch musikalisch untermalt: Die beiden Jungs finden zufällig unter der Fußmatte des Ladas eine Musikkassette – *The Solid Gold Collection* von Richard Clay-

---

[15] Im Folgenden wird das Kürzel T und Seitenzahl verwendet, um auf *Tschick* zu verweisen.

derman. Und obwohl Clayderman in Maiks Augen „eigentlich keine Musik",
sondern „eher so Klaviergeklimper, Mozart" ist, hören sich die beiden die
Musik an. Schließlich „hatten [sie] ja nichts anderes" (T: 87). Der an dieser
Stelle gezogene Vergleich zwischen einem von Bildungsbürgern geschätz-
ten Komponisten wie Mozart und Richard Claydermans *The Solid Gold
Collection* lässt schmunzeln, da Clayderman mehr Pop als Klassik ist. Auf
dem genannten Album finden sich – neben der berühmten Eigenkompo-
sition des Pianisten (*Ballade pour Adeline*) – in erster Linie eingespielte
Popsongs (u. a. *Unbreak my Heart* von Toni Braxton, *Everything I do, I do
it for you* von Brian Adams sowie *A Groovy Kind of Love* von Phil Col-
lins). Es ist nicht abwegig anzunehmen, dass Herrndorf den Einfluss der
Popmusik auf das Lebensgefühl und die Entwicklung der eigenen Identität
ironisierend und kritisch aufgreift – wenn auch anders als Kracht das tut. Er
scheint zeigen zu wollen, dass man sich den Einflüssen der (Populär-)Kultur
kaum erwehren kann. Maiks fatalistisches Urteil – im Zweifelsfalle ist diese (Populär-)Musik ist „immer noch besser als nichts" (T: 87) – könnte als
Motto für die Populärkultur ganzer Generationen gelesen werden. Auch die
Tatsache, dass Gefallen letztlich vor allem etwas damit zu tun hat, dass man
etwas immer und immer wieder hört, lässt Herrndorf in *Tschick* anklingen:

> „Clayderman klimperte, und dass er da so klimperte und dazu das
> eingedetschte Dach, Tschicks zerstörter Fuß und dass wir in einer
> hundert Stundenkilometer schnellen, fahrenden Müllkippe unter-
> wegs waren, machte ein ganz seltsames Gefühl in mir. Es war ein
> euphorisches Gefühl, ein Gefühl der Unzerstörbarkeit. Kein Un-
> fall, keine Behörde und kein physikalisches Gesetz konnten uns
> aufhalten. Wir waren unterwegs, und wir würden immer unter-
> wegs sein, und wir sangen vor Begeisterung mit, soweit man bei
> dem Geklimper mitsingen konnte." (T: 178)

Herrndorfs Erzähler geht mit (Pop-)Musik viel kritischer um. Der Autor
lässt Maik offen darüber reflektieren, dass das mit Musik verbundene Lebensgefühl selbst schaffen ist – durch die Personen, die Maik mit dieser Musik verbindet und die Erfahrungen, die er beim Hören dieser Musik macht.
Obwohl Maik die Musik in *Tschick* nicht selbst wählt, weist sie am Ende

17

des Buches starke Bezüge zu seiner Identität und seinem Selbstfindungsprozess auf. Herrndorf setzt damit Musik gezielter zur Individualisierung seines Protagonisten ein als Kracht, bei dem der Musikgeschmack seines Erzählers eher als Zeichen dafür gelesen werden kann, wie konformistisch er ist.

Marken Laut Degler/Paulokat (2008: 34) benutzen die Autoren der Neuen Deutschen Popliteratur „Markennamen zur soziografischen Kennzeichnung von Personen, Milieus und Szenen". Diese semantische Funktion lässt sich sowohl bei Kracht als auch bei Herrndorf nachweisen.

In *Faserland* dient das Namedropping der Marken vor allem dazu, die Zugehörigkeit des Erzählers zur Oberschicht zu kennzeichnen (z. B. Salem, Barbour, Mercedes, Gaultier, LaCroix [F: 13/14]). Marken sind Statussymbole, mit denen sich der Erzähler vom gewöhnlichen Volk abgrenzt und demonstrieren einen gewissen Snobismus, den der Erzähler jenen gegenüber aufbringt, die diese Statussymbole nicht haben bzw. sich nicht leisten können.

In *Tschick* greift Herrndorf das Namedropping der Neuen Deutschen Popliteratur auf, praktiziert es aber reduzierter und mit anderer Funktion. Im Gegensatz zu Kracht verwendet sein Erzähler die Namen von (Billig-)Marken, um sich mit dem gewöhnlichen Volk zu solidarisieren und von der Oberschicht abzugrenzen (Humana [T: 52], Norma [T: 104]).

Das für *Faserland* so typische Bekenntnis zur Oberschicht wird von Herrndorf in *Tschick* persiflierend in sein Gegenteil verkehrt. Hinzu kommt, dass Herrndorfs Erzähler Maik zwar aus reichem Hause kommt, seine Eltern aber verarmt sind – wodurch Herrndorf die Ironisierung der „reiche[n] und schnöselige[n] Schicki-Micki-Szene" (Paulokat/Degler, 2008: 36), die von der Neuen Deutschen Popliteratur affirmiert wurde, auf die Spitze treibt.

Gesellschaftskritik und Political Correctness Obwohl die Neue Deutsche Popliteratur häufig auch als Dekadenz-Pop (Kleiner, 2013: 4) verrufen war, machen Degler/Paulokat (2008: 53) darauf aufmerksam, dass in der Popliteratur jeder Generation auch gesellschaftliche und gesellschaftskritische Fragen verhandelt werden. Es gehe den Autoren dabei „nicht in erster Linie darum, die Welt zu verändern, sondern darum, die Art und Weise zu verändern, in der die Menschen die Welt wahrnehmen".

Trotz aller Leichtigkeit schlägt Herrndorfs Poproman *Tschick* auch ernsthafte Töne an. Thematisch scheint sich Herrndorf in *Tschick* dem Social Beat anzunähern, einer Popströmung der 1980er Jahre, die sich mit subkulturellen Milieus und sozialer Benachteiligung befasste sowie für eine gerechtere und einer humaneren Gesellschaft einsetzte (vgl. Hoffmann, 2006: 339/340). Gerade in der Figur des Andrej Tschichatschow – der als Zehnjähriger aus Russland auswandert, in Deutschland mit zahlreichen Vorurteilen[16] konfrontiert wird und mit Benachteiligungen zu kämpfen hat – wendet sich der Autor kritisch der sozialen Diskriminierung von Zuwanderern zu. Zugleich zeigt er mit der Freundschaft zwischen Andrej und Maik einen möglichen Weg in eine humanere Gesellschaft auf.

Auch Krachts *Faserland* lässt sich gesellschaftskritisch lesen. Die von Hedonismus und Luxus aber auch von Ignoranz, Snobismus und Gleichgültigkeit geprägte Welt, in der sich der Erzähler bewegt, wird als vom Verfall gekennzeichnet und krankhaft dargestellt. Im Gegensatz zu Herrndorf bildet Kracht jedoch nur ab und bietet keine Lösungen an.

Alltag und Zeitgeschichte Anliegen der Popliteratur sei es unter anderem, den Alltag einer Generation (auch dessen banale Aspekte) in der Errinerungskultur zu bewahren. Ins Speichergedächtnis verbannte Kinderheitserinnerungen würden als „geteilter Horizont einer Generation wieder entdeckt und literarisch funktionalisiert" (Degler/Paulokat, 2008: 63). Dieser Aspekt wird gerade von Krellner (2004: 175f.) als jener angesehen, der dem Popprojekt die deutlichsten Grenzen setze. Seines Erachtens sei es gerade dieses Anliegen, das dazu führe, dass Popliteratur genauso schnell veralte wie sie

---

[16] Besonders deutlich werden die in der Gesellschaft bestehenden Feindseligkeiten, denen Zugewanderte wie Andrej tagtäglich ausgesetzt sind, als Maiks Vater seinem Sohn vor der Gerichtsverhandlung ins Gewissen redet:

„Dein asiger Russe [...]. Der hat schon eine richtige kriminelle Karriere hinter sich, Ladendiebstahl mit seinem Bruder, Schwarzfahren, Betrug und Hehlerei. [...] Die ganze asige Sippschaft ist so. [...] Und der hat auch kein solches Elternhaus vorzuweisen, der lebt in der Scheiße. In seiner Sieben-Quadratmeter-Scheiße, wo er auch hingehört. Der kann froh sein, wenn er in ein Heim kommt. [...] Du bist da reingerissen worden von diesem russischen Asi. Und das erzählst du dem Richter, egal, was du der Polizei vorher erzählt hast, capisce?" (T: 188/189)

entstehe und zukünftigen Leser/innen unverständlich bleibe.

Ein Hauptkritikpunkt an Texten wie *Faserland* ist folglich auch, dass sie sich deutlich an Generationsgenossen richten (vgl. Krellner, 2004: 176). Ein Kritikpunkt, der nicht ganz von der Hand zu weisen ist: *Faserland* archiviert im Sinne Baßlers (vgl. 2005: 22) die Gegenwartskultur einer bestimmten Generation. Für Leser/innen, die dieser Generation nicht angehören, sind wesentliche Aspekte des Texts nur mit Mühe entschlüsselbar. Sie benötigen Erklärungen, um den Text zu verstehen. Erschwerend kommt hinzu, dass *Faserland* Leser/innen anderer Generationen nur wenige Identifikationsmöglichkeiten bietet, was den Roman weniger reizvoll macht als *Tschick*.

Denn in *Tschick* überwindet Herrndorf dieses Problem der Neuen Deutschen Popliteratur, indem er auf geschickte Weise sein Werk Leser/innen unterschiedlicher Generationen zugänglich macht. Der Autor bezieht sich sowohl auf die Populär- und Massenkultur der Gegenwart[17] (Grand Theft Auto IV [T: 19], PlayStation [T: 178]) als auf jene der Vergangenheit, indem er anachronistische Elemente (Musikkassette [T: 87]) bzw. generationsübergreifende Phänomene (Todesstern [T: 104]) integriert.

Sicherlich kann nicht abgestritten werden, dass auch die zeitgebundenen Aspekte in *Tschick* zukünftigen Leser/innen erläutert werden müssen, damit sie verstanden werden. Tatsächlich müssen gerade die anachronistischen Elemente bzw. jene Bezugnahmen auf ältere Werke (Seewolf [T: 90], Steppenwolf [T: 90]) bereits der gegenwärtigen Leserschaft erklärt werden. Dass Popliteratur wie *Tschick* deswegen – wie einst von Krellner (2004: 177) befürchtet – an Anziehungskraft einbüßen wird, steht zu bezweifeln. Richtig ist, dass die zeitgebundenen Aspekte einen Roman – sei es nun *Faserland* oder *Tschick* – in seiner Zeit verankern. Die ihm innewohnenden zeitlosen Aspekte lassen allerdings seine Gültig- und Lesbarkeit über diese Zeit hinausragen. In *Tschick* bietet Herrndorf gleich mehrere solcher elementaren Stoffe an (u. a. Erwachsenwerden, Identitätsfindung, Freundschaft,

---

[17] Die Gegenwart ist im Falle von *Tschick* das Jahr 2010. Dabei handelt es sich nicht nur um den zeithistorischen Kontext, in dem das Buch entstanden bzw. erschienen ist. Dieses Jahr ist zugleich auch das Jahr, in dem die Handlung des Romans angesiedelt ist. Das geht aus der Szene hervor, in der Maik, Tschick und Isa beschließen, sich „Genau hier, in fünfzig Jahren. Am 17. Juli, um fünf Uhr nachmittags, 2060." (T: 145/146) wiederzutreffen.

erste Liebe), die garantieren, dass der Text auch in Zukunft eine gewisse Aktualität behält und seine Leser zu fesseln vermag. Für Zeitlosigkeit hat Herrndorf darüber hinaus auch mit der in *Tschick* verwendeten Kunstsprache gesorgt: Bewusst nimmt er von generationsspezifischen Ausdrücken Abstand[18], schafft eine konzeptionell mündliche Sprache (einfacher Satzbau, Elemente des Mündlichen), „die Merkmale der Jugendsprache und des Slang" ohne sich anzubiedern (Möbius, 2014: 13) und enthebt sie auf diese Weise ihrem (Entstehungs-)Zeitraum.

Anhand der ausgewählten Vergleiche konnte gezeigt werden, dass zwischen Herrndorfs *Tschick* und Krachts *Faserland* hypertextuelle Bezüge bestehen. Außer den dargestellten gibt es zahlreiche weitere interessante Parallelen[19], die die Vermutung nahe legen, dass es sich bei *Tschick* um ein „Palimpsest"[20] handelt, bei dem *Faserland* als Hypotext[21] durchscheint. Inwiefern bei *Tschick* architextuelle Beziehungen[22] zur Neuen Deutschen Popliteratur als Strömung vorliegen, wäre eine interessante Forschungsfrage. Fest steht schon jetzt, dass Herrndorf typische Merkmale der Neuen Deutschen Popliteratur in *Tschick* aufgreift und unter veränderten Vorzeichen sowie mit anderer Intention verwendet. Dadurch modernisiert er Popliteratur und schreibt die Erfolgsgeschichte des Pop im 21. Jahrhundert weiter.

---

[18] „Wenn man erst anfängt, mit Slang um sich zu schmeißen, wird man doch schon im nächsten Jahr ausgelacht." (Herrndorf im Gespräch mit Passig, 2011)

[19] Zum Beispiel tauft Herrndorf die weibliche Hauptfigur, in die sich Maik verliebt, auf den Namen „Isa"; in *Faserland* schwärmt der Erzähler für Isabella Rossellini, die er in Gedanken mit der Koseform Isa bezeichnet (F: 59); in beiden Büchern kommt der Cocktail *Brandy Alexander* vor etc.

[20] Genette bezeichnet in seinem literaturtheoretischen Konstrukt der „Archäologie literarischer Texte" (vgl. Rohmann/Oppermann, 2005: 5) Palimpseste als nachträglich entstandene Texte, bei denen unter einem Palimpsest ein „antikes oder mittelalterliches Schriftstück, von dem der ursprüngliche Text abgeschabt oder abgewaschen und das danach neu beschriftet wurde" (vgl. Duden.de).

[21] Genette versteht darunter einen älteren Text, der hypertextuelle Beziehungen zu einem nachträglich entstandenen Text (Hypertext) aufweist (vgl. Lodemann, 2010: 84).

[22] Genette spricht von Architextualität, wenn in einem später entstanden Text nicht nur auf einen einzelnen Hypotext, sondern auf mehrere Werke einer Gattung Bezug genommen wird (vgl. Chihaia, 2010: 352)

21

4 *Tschick* – (R)evolution der Popliteratur?

An der Neuen Deutschen Popliteratur ließen Kritiker wie Krellner (2004: 177) kaum ein gutes Haar: Popliteratur veralte schnell, sei nach kurzer Zeit kommentarbedürftig, wende sich in erster Linie an „Generationsgenossen" und sei aufgrund fehlender Erzählkonzepte im Grunde nicht kanonisierbar. Beinahe wirkt es so, als habe Herrndorf sich diese Kritik beim Schreiben bewusst zu Herzen genommen. Denn mit *Tschick* hat er einen popliterarischen Roman verfasst, der all die von den Kritikern thematisierten Schwächen der Neuen Deutschen Popliteratur überwindet.

Der kritisierten „antinarrativen Erzählhaltung", die für die Bestseller der Neuen Deutschen Popliteratur so typisch war (vgl. Krellner, 2004: 177), stellt Herrndorf ein klassisches Erzählkonzept entgegen, das sich an vertraute Erzählkonventionen hält – mit klaren Handlungsverläufen, einer Rahmenhandlung in der Erzählgegenwart und einer Rückblende, in der sich die eigentliche Reise ereignet (vgl. Möbius, 2014: 42/43). Auch Moritz Baßlers Behauptung (zit. nach Kleiner, 2013: 12), „[s]pannungserzeugende narrative Verfahren [...] [seien] für die Popliteratur eher untypisch", muss in Bezug auf Herrndorfs *Tschick* revidiert werden. Gerade während des Roadtrips, der in seiner Episodenhaftigkeit dem Roadmovie nachempfunden ist (vgl. Scholz, 2014: 35), nimmt die Erzählung Tempo auf und gipfelt in einer aufregenden Flucht vor der Polizei mit filmreifem Finale.

Durch geschickte Verknüpfung von zeitgebundenen Elementen (z. B. PlayStation, Computerspiele etc.), die sich auf die Populär- und Massenkultur der Gegenwart um das Jahr 2010 beziehen, und anachronistischen Elementen (z. B. Musikkassette, Roadtrip ohne Einsatz technischer Hilfsmittel etc.) können sich Leser/innen verschiedener Generationen mit der Geschichte des Buches identifizieren. Herrndorfs Popliteratur wendet sich somit nicht in erster Linie an „Generationsgenossen" (vgl. Krellner, 2004: 177), sondern vielmehr an alle, die einmal jung waren.

Sicherlich kann nicht abgestritten werden, dass einige dieser zeitgebundenen Aspekte des Romans in Zukunft kommentiert werden müssen, damit sie von Leser/innen verstanden werden. Dass der Roman deswegen in Zukunft etwas von seiner Anziehungskraft wird einbüßen müssen, steht zu bezweifeln. Schließlich sind es neben seinem außergewöhnlichen Unterhaltungswert gerade die zeitlosen Stoffe (wie Erwachsenwerden, Identitätsfindung, Freundschaft, erste Liebe) die *Tschick* zu einem Roman machen, den man „[a]uch in fünfzig Jahren" (Lovenberg, 2010) noch lesen möchte.

Bleibt noch die letzte große Kritik, die Krellner (2004: 177) gegen die Popliteratur vorzubringen hatte: die Tatsache, dass man sie nicht in den Kanon aufnehmen könne. Auch dieses Hürde hat Herrndorf mit *Tschick* genommen: Das Buch hat es bereits in den Kanon der Schulliteratur geschafft (vgl. Goethe.de, 2014).

Wie dargelegt werden konnte, weist Herrndorfs *Tschick* alle von Hecken (2013b) als „unverzichtbar" bezeichneten popästhetischen Merkmale auf. Darüber hinaus kann der Roman als Hypertext zu einem der wichtigsten Werke der Neuen Deutschen Popliteratur-Strömung – Christian Krachts *Faserland* – gelesen werden; steht also in starkem Bezug zur Popliteratur als solcher. Es erscheint vor diesem Hintergrund nicht nur sinnvoll *Tschick* als Popliteratur zu kategorisieren. Vielmehr ist zu vermuten, dass es sich bei dem Roman um die nächste Entwicklungsstufe der Popliteratur handelt. Denn in vielerlei Hinsicht gelingt es Herrndorf in *Tschick*, die von Kritikern aufgezeigten Unzulänglichkeiten der Neuen Deutschen Popliteratur zu überwinden und einen Poproman zu schreiben, der das Zeug zum Klassiker hat.

5 Literatur

Primärliteratur

Herrndorf, Wolfgang (2010): *Tschick*. Roman. Hamburg: Rohwolt E-Book.

Kracht, Christian (2015): *Faserland*. Ein Roman. Frankfurt am Main: Fischer. [Nachdruck 1995].

Sekundärliteratur

Assheuer, Thomas (2001): „Im Reich des Scheins. Zehn Thesen zur Krise des Pop". *Zeit Online* 11.04.2001. URL: `http://pdf.zeit.de/2001/16/Im_Reich_des_Scheins.pdf` [Stand: 18. September 2015].

Bartels, Gerrit (2013): „Wolfgang Herrndorfs *Tschick*. Das Glück in der Walachei". *tagesspiegel.de* 10.07.2013. URL: `http://www.tagesspiegel.de/kultur/wolfgang-herrndorfs-tschick-das-glueck-in-der-walachei/8479110.html` [Stand: 22. September 2015].

Baßler, Moritz (²2005): *Der deutsche Pop-Roman. Die neuen Archivisten*. München: C.H. Beck.

Buchreport.de (o.J.): „Platzierungen *Tschick* – Taschenbuch". *buchreport.de*. URL: `http://www.buchreport.de/bestseller/buch/isbn/9783499256356.htm` [Stand: 19. September 2015].

Buchreport.de (o.J.): „Platzierungen *Tschick* – Hardcover". *buchreport.de*. URL: `http://www.buchreport.de/bestseller/buch/isbn/9783871347108.htm` [Stand: 19. September 2015].

Chihaia, Matei (2010): „Gérard Genette". In: Martínez, Matías / Scheffel, Michael (Hgg.): *Klassiker der modernen Literaturtheorie. Von Sigmund Freud bis Judith Butler.* München: C.H. Beck, 343-364.

Degler, Frank / Paulokat, Ute (2008): *Neue Deutsche Popliteratur.* Paderborn: W. Fink.

Duden.de (o.J.): *Duden.* URL: http://www.duden.de/ [Stand: 22. September 2015].

Frank, Dirk (2003): *Arbeitstexte für den Unterricht. Popliteratur.* Stuttgart: Reclam.

Goethe.de (2014): „*Tschick* – eine Romanadaptation wird zum Bühnenkult". *goethe.de*, Kultur. Mai 2014. URL: http://www.goethe.de/ins/jp/de/lp/kul/mag/the/12656558.html [Stand: 20. September 2015].

Hecken, Thomas (2013a): „Pop-Ästhetik". *Pop-Zeitschrift* November 2013. URL: http://www.pop-zeitschrift.de/wp-content/uploads/2013/12/aufsatz-hecken-pop-a%CC%88sthetik.pdf [Stand: 17. September 2015].

Hecken, Thomas (2013b): „Pop-Konzepte der Gegenwart". *Pop-Zeitschrift* 14.03.2013. URL: http://www.pop-zeitschrift.de/2013/03/14/pop-konzepte-der-gegenwartvon-thomas-hecken14-3-2013/ [Stand: 17. September 2015]. Zuerst erschienen in: *Pop. Kultur und Kritik.* Heft 1, Herbst 2012, 88-107.

Hoffmann, Dieter (2006): *Arbeitsbuch Deutschsprachige Prosa seit 1945. Band 2: Von der Neuen Subjektivität zur Popliteratur.* Tübingen / Basel: A. Francke.

Huck, Christian (2013): „Was ist Populärliteratur? Oder doch eher, wann ist Populärliteratur?". *Pop-Zeitschrift* 18.01.2013. URL: http://www.pop-zeitschrift.de/2013/01/18/was-ist-popularliteratur-oder-doch-eher-wann-ist-popularliteraturvon-christian-huck18-1-2013/ [Stand: 17. September 2015]. Zuerst erschienen in: Lüdeke, Roger (Hg.) (2011): *Kommunikation im Populären. Interdisziplinäre Perspektiven auf ein ganzheitliches Phänomen.* Bielefeld: transcript, 43-66.

Kleiner, Marcus (2013): „Zur Poetik der Pop-Literatur. Teil 3: Schreibweisen der Gegenwart". *Pop-Zeitschrift* April 2013. URL: http://www.pop-zeitschrift.de/wp-content/uploads/2013/04/aufsatz-kleiner-popliteratur-teil-drei.pdf [Stand: 17. September 2015].

Krellner, Ulrich (2004): „Grenzen des Pop-Projekts. Über einige Unzulänglichkeiten der deutschen Gegenwartsliteratur bei der Darstellung von (Lebens)-Geschichte". In: Platen, Edgar / Todtenhaupt, Martin (Hgg.): *Grenzen – Grenzüberschreitungen – Grenzauflösungen. Zur Darstellung von Zeitgeschichte in deutschsprachiger Gegenwartsliteratur.* München: Iudicum, 170-177.

Lodemann, Caroline (2010): *Regie als Autorschaft: Eine diskurskritische Studie zu Schlingensiefs Parsifal.* E-Book-Ausgabe. Göttingen: V&R unipress.

Lovenberg, Felicitas von (2010): „Wolfgang Herrndorf: *Tschick.* Wenn man all die Mühe sieht, kann man sich die Liebe denken". *faz.net* 15.10.2010. URL: http://www.faz.net/aktuell/feuilleton/buecher/rezensionen/belletristik/wolfgang-herrndorf-tschick-wenn-man-all-die-muehe-sieht-kann-man-sich-die-liebe-denken-1613025-p2.html?printPagedArticle=true#Drucken [Stand: 18. September 2015].

Menke, André (2010): *Die Popliteratur nach ihrem Ende. Zur Prosa Meineckes, Schamonis, Krachts in den 2000er Jahren.* Bochum: Posth Verlag.

Möbius, Thomas (2014): *Textanalyse und Interpretation zu Wolfgang Herrndorf Tschick.* Königs Erläuterungen, Band 493. E-Book-Ausgabe. Hollfeld: C. Bange.

Pander, Jürgen (2011): „Lada Niva: Russisch für Hartgesottene". *spiegel.de* 28.11.2011. URL: http://www.spiegel.de/auto/fahrberichte/lada-niva-russisch-fuer-hartgesottene-a-799967.html [Stand: 19. September 2015].

Passig, Kathrin (2011): „Im Gespräch: Wolfgang Herrndorf Wann hat es ‚Tschick' gemacht, Herr Herrndorf?". *faz.net* 31.01.2011. URL: http://www.faz.net/aktuell/feuilleton/buecher/autoren/im-

`gespraech-wolfgang-herrndorf-wann-hat-es-tschick-gemacht-`
`herr-herrndorf-1576165.html?printPagedArticle=true#Drucken`
[Stand: 18. September 2015].

Rohmann, Gerd / Oppermann, Eva (2005): „Literatur und Intertextualität". *Universität Kassel.* URL: `http://nbn-resolving.de/urn:nbn:de:hebis:` `34-200604129790` [Stand: 20. September 2015].

Scholz, Eva-Maria (2014): *Wolfgang Herrndorf Tschick. Lektüreschlüssel für Schülerinnen und Schüler.* E-Book-Ausgabe. Stuttgart: Reclam.

Siemes, Isabelle (2004): „Pop-Literatur und Jugendkultur in der Mediengesellschaft. Eine Generation, die ihr Leben als Zitat der 80er-Jahre-Show empfindet". In: Kammler, Clemens / Pflugmacher, Torsten (Hgg.): *Deutschsprachige Gegenwartsliteratur seit 1989. Zwischenbilanzen — Analysen — Vermittlungsperspektiven.* Heidelberg: Synchron, 173-182.

Spiegel-Online (2015): „Bestseller *Tschick*: Fatih Akin übernimmt Herrndorf-Verfilmung". *spiegel.de* 24.07.2015. URL: `http://www.spiegel.` `de/kultur/kino/fatih-akin-verfilmt-tschick-von-wolfgang-` `herrndorf-a-1045240.html` [Stand: 19. September 2015].

Spiegel-Online (2014): „Wolfgang Herrndorfs Bestseller: *Tschick* meistgespieltes Stück auf deutschen Bühnen". *spiegel.de* 08.09.2014. URL: `http://www.spiegel.de/kultur/literatur/tschick-wolfgang-` `herrndorfs-bestseller-haengt-goethe-und-schiller-ab-a-` `990426.html` [Stand: 18. September 2015].

Zschirnt, Christiane (2003): „Strukturell immer offen". *taz.de* 16.06.2003. URL: `http://www.taz.de/1/archiv/?dig=2003/06/16/a0159` [Stand: 22. September 2015].

BEI GRIN MACHT SICH IHR
WISSEN BEZAHLT

- Wir veröffentlichen Ihre Hausarbeit,
  Bachelor- und Masterarbeit

- Ihr eigenes eBook und Buch -
  weltweit in allen wichtigen Shops

- Verdienen Sie an jedem Verkauf

Jetzt bei www.GRIN.com hochladen
und kostenlos publizieren